DE

LA NOBLESSE

MATERNELLE

EN CHAMPAGNE,

ET

DE L'ABUS

DES

CHANGEMENTS DE NOMS

Par P. BISTON, avocat.

CHALONS.

Imprimerie de T. MARTIN, place du Marché-au-Blé, 54.

1859.

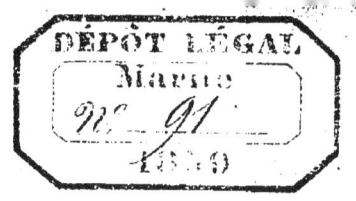

DE

LA NOBLESSE

MATERNELLE

EN CHAMPAGNE.

REPRODUCTION INTÉGRALE INTERDITE.

DE

LA NOBLESSE MATERNELLE

EN CHAMPAGNE,

ET

DE L'ABUS

DES

CHANGEMENTS DE NOMS

Par P. BISTON, avocat.

> Suum cuique tribuere.
> (*Inst.*, lib. 1, tit. 1.)

CHALONS,

IMPRIMERIE DE T. MARTIN, PLACE DU MARCHÉ-AU-BLÉ, 54.

—

1859.

DE LA

NOBLESSE MATERNELLE

EN CHAMPAGNE

———oo⁖o⁖oo———

> « Les enfants n'ont point d'autre droit à la succesion de leur père que celui qu'ils tiennent des lois. C'est au même titre que la noblesse se perpétue dans les familles.
> VAUVENARGUES. — *Maxime* 511.

I.

Nous trouvons, dans les *Proverbes et Dictons populaires*, au mot : *Chevalier de Champaigne*, ce court récit d'un fait qui est un titre d'honneur pour notre ancienne province :

« La noblesse de Champagne s'étoit illustrée à la bataille de Fontenai en Bourgogne, où Charles-le-Chauve et Louis de Bavière avoient défait

Lothaire et Pépin. Presque tous les Champenois étoient restés sur le champ de bataille, Pour réparer ce glorieux désastre, il fut établi, par les coutumes de Champagne, que désormais *le ventre,* c'est-à-dire la mère, anobliroit les enfans, quoique le mari fût roturier. De pareils souvenirs ne s'effacent pas chez un peuple... [1]. »

Charles Nodier raconte le même fait, à peu près dans les mêmes termes, et il ajoute : « C'est une anomalie singulière dans les lois, mais qui a ici quelque chose de glorieux et de touchant. La noblesse champenoise n'avait pas suffi aux batailles [2]. »

Cette explication historique de la noblesse maternelle en Champagne est conforme à l'opinion de presque tous les anciens auteurs, et Bodin, pour n'en citer qu'un seul, prétendait aussi que « ce privilège fut accordé aux femmes de Champagne, à cause de la perte que cette province

---

[1] *Proverbes et Dictons populaires aux XIIIe et XIVe siècles,* publiés d'après les manuscrits de la bibliothèque du roi, par G.-A. Crapelet, imprimeur. — Paris, 1831.

[2] C. Nodier. — *La Seine et ses bords,* p. 63.

avait faite de presque toute sa noblesse à la bataille donnée à Fontenai... »

Grosley[1], savant jurisconsulte de Troyes, et auteur d'un traité spécial sur la noblesse utérine de Champagne, a cru trouver dans des motifs politiques la véritable origine du privilége dont nous nous occupons, et tout en reconnaissant que son explication est moins poétique que la première, nous n'hésitons pas à l'adopter, parce qu'elle est plus vraisemblable.

« Les comtes de Champagne, dit-il, pour faire fleurir le commerce dans leurs Etats, ont pu donner ce privilége de la communication de la noblesse aux négociants par des alliances avec des filles nobles. »

Quant aux coutumes de la province, elles étaient unanimes pour établir la noblesse de mère sous le nom de noblesse utérine.

Les textes sont tellement clairs et précis, qu'il suffit de les citer pour ne plus douter de ce fait

---

[1] P.-J. Grosley naquit à Troyes en 1718, et fut reçu, en 1761, associé libre de l'Académie des inscriptions et belles-lettres.

curieux, contraire, il est vrai, au droit commun de la France, mais qui n'en a pas moins conservé sa valeur historique et légale.

C'est à ce double point de vue que nous voulons rapporter les articles des coutumes de la Champagne qui ont maintenu le privilége de la noblesse par les femmes, jusqu'à la révolution de 1789.

Voici ces articles, suivis du nom de chacune des villes qui étaient régies par une coutume particulière :

1° « Ceulx sont nobles qui sont issus en mariage de pere ou de mere nobles, et suffit que le pere ou la mere soyent noble, posé que l'autre des deux conjoincts soit non noble. » (Troyes, art. 1.)

2° « Le ventre affranchit et annoblit, etc. » (Chaalons, art. 2.)

3° « Entre gens nobles, le fruict ensuit la condicion du pere ou de la mere, car il suffit que l'un des conjoincts par mariage, soit noble, à ce que les enfans qui en isteront soient censés et réputés personnes nobles; tellement que si la mere étoit venue d'issüe de noble lignée soit conjoincte par mariage à un homme roturier, les enfants qui en isteront seront réputés nobles, supposé que le pere ne le soit pas. » (Meaux, art. 2.)

4° « Quand sont deux conjoincts par mariage, le mari franche personne et la femme noble, et laditte femme va de vie à trépas délaissant enfans, le fils aîné aura *son droit d'ainesse* en la succession de saditte mere.» (Vitry, art. 69.)

5° « Quant aux nobles, on tient estre coustume audit bailliage que ceulx sont dicts et réputés nobles qui sont issus et nés en mariage de pere et de mere nobles, ou de pere noble et de mere non noble; ou de mere noble et de pere non noble; et qu'il suffit l'un d'eux pere ou mere estre noble pour que le fruict le soit. » (Chaumont, art. 2.)

6° « Les enfans naîs de pere ou de mere noble sont réputés nobles, et posé que l'un d'iceulx pere ou mere soit roturier. » (Sens, art. 161 de la nouvelle coutume, et art. 168 de l'ancienne.)

Tel est le langage des coutumes de Champagne, et des lettres-patentes, des arrêts nombreux, dont un prononcé en robes rouges au Parlement de Paris, à l'audience solennelle de Noël 1599, des règlements et des sentences de toute nature reconnaissent la noblesse maternelle de cette province ; et, parmi les jurisconsultes, l'illustre Dumoulin n'hésita pas à rendre témoignage de son existence.

Cette noblesse de mère ne fut jamais sérieusement contestée sous l'ancienne monarchie ; elle a eu aussi ses envieux, ses jaloux, mais elle en a toujours triomphé, et aujourd'hui on peut soutenir avec raison que les chartes de 1814 et de 1830 l'ont implicitement reconnue, lorsqu'elles déclarent que « *la noblesse ancienne reprend ses titres.* »

Et ces titres, que les *damoiselles de la province de Champagne*, pour nous servir de l'expression que nous trouvons dans une lettre de Charles VII datée de Bourges, pouvaient *porter* à leurs maris et à leurs enfants, ont pu être conservés jusqu'à ce jour, et transmis publiquement et notoirement dans les siècles passés, ils doivent être respectés, parce qu'ils reposent sur un droit certain.

En résumé, les anciennes coutumes étaient les véritables titres des nobles de mère dans la province de Champagne, ceux-ci ont pu les *reprendre* en 1830 comme en 1814, les conserver comme de pieux souvenirs de famille, et ils devraient au besoin les défendre comme une propriété inviolable et imprescriptible.

Nous terminerons par un vœu : Que la loi frappe avec sévérité l'usurpateur de noblesse, celui qui emploie la fraude, l'intrigue ou l'audace, pour tromper le public sur sa véritable position, sur son origine ; mais en même temps, qu'elle protège contre les mauvaises passions tous les droits légitimes et sacrés de la naissance !

(*L'Union* du 25 avril 1857.)

II.

« Si, comme le dit Montesquieu, la loi est un rapport nécessaire, quelle règle mérite mieux cette définition que la Coutume, que ne fit personne et qui se fit d'elle-même par la force des choses et par la puissance des besoins populaires, œuvre d'un assentiment tacite, universel et immémorial, expression naïve de vœux, de pratiques, de droits et de devoirs innés avant d'avoir été écrits : *non scripta sed nata lex*. Aussi le nom de loi est-il donné aux coutumes dans un grand nombre de textes [1]....»

Dans un mémoire adressé au roi, Gilbert de Voisins s'exprimait ainsi : « Toutes les lois du royaume ne sont pas renfermées dans les ordonnances. En France, où nous vivons, la coutume enracinée est tellement la souveraine loi, que nos lois, même les plus essentielles et même les plus sacrées, tiennent souvent leur force d'elle, et se maintiennent par la tradition..... Les lois de ce genre appartiennent à la majesté du prince plus que ses ordonnances même et forment une partie principale du droit public de son Etat....»

Ces deux passages contiennent la définition complète de la Coutume et donnent en termes éloquents une idée nette et précise de sa puissance; nous devions les rapporter parce qu'ils serviront à faire comprendre toute l'importance de ce beau et antique privilége de notre Champagne, qui permettait aux *damoiselles* de cette

---

[1] M. Troplong. Travail lu à la séance de l'Académie des Sciences morales et politiques du 10 Janvier 1846.

province de transmettre en légitime mariage leur noblesse avec toutes ses conséquences.

Nous avons publié sur ce sujet un premier travail, qui a été inséré le 25 avril 1857 dans le journal l'*Union*; pour satisfaire le désir de nos amis, nous le faisons réimprimer aujourd'hui presque sans aucun changement, et nous le complétons seulement à l'aide de documents nouveaux et importants.

Mettre en lumière un droit précieux et incontestable de notre pays natal, l'appuyer sur les textes, sur les autorités les plus respectables, tel est le but de nos efforts.

Nous aurons ainsi rempli notre devoir de bon Champenois, et ce n'est pas à nous que Grosley, le judicieux et spirituel avocat de Troyes, pourrait reprocher « la négligence, la nonchalance et l'engourdissement de ceux en faveur desquels la noblesse de mère est établie[1]. »

Au moment de faire de nouveaux et nombreux

---

[1] Grosley. — *Recherches sur la noblesse de Champagne*, p. 237.

emprunts à notre confrère du dernier siècle, il est peut-être utile d'observer qu'il n'était pas gentilhomme et qu'il n'avait aucune prétention à la noblesse. Ses *Recherches* sont évidemment l'œuvre d'un esprit impartial, et il ne ressemblait guère à ces jurisconsultes qui, par envie ou par jalousie « changeaient et renversaient avec une partialité marquée les termes des procès-verbaux(1). »

D'un autre côté, nous souhaitons aux bourgeois de notre temps cette indépendance de caractère et ce sentiment de la dignité humaine qui inspiraient à Grosley des pensées comme celle-ci : « Les loix ne nous envisagent que comme nés pour la liberté ; la noblesse est pour elles une qualité indifférente qui n'ajoute rien à la liberté(2). »

Lorsqu'il s'agit d'étudier les sources, les origines de l'ancien droit français, nos auteurs modernes ne manquent pas de citer fréquemment le savant Champenois, et nous le faisons nous-même

---

(1) *Recherches sur la noblesse de Champagne*, p. 197.
(2) idem p. 209.

avec d'autant plus de raison, qu'il est, de l'avis de tous, le guide le plus sûr qu'on puisse suivre dans la matière qui nous occupe.

« On regarde la noblesse utérine, dit Grosley, comme faisant partie du droit commun de la Champagne [1]. »

« C'est un usage consacré par une loi écrite, par une tradition constante, par les titres les plus autentiques, enfin par l'autorité unanime des auteurs les plus respectables [2]. »

« En l'année 1447, au mois d'octobre, Charles VII fit expédier à Bourges des lettres de réhabilitation pour *Jean et Gaspard Bureau;* ces lettres portent que lesdits Bureau descendoient de gentilshommes et de *damoiselles de la province de Champagne, où le ventre annoblit* [3]. »

« Par sentence du baillage de Vitry, du mois de février 1672, confirmée par arrêt du Parlement,

---

[1] *Recherches sur la noblesse de Champagne*, p. 198.
[2] Idem p. 211 et 212.
[3] Idem p. 216 et 217.

du 18 août 1673, il fut jugé que la succession d'une mere noble, veuve d'un roturier, se devoit partager noblement[1]. »

« Ce privilége s'étendoit même au roturier qui avoit épousé une *damoiselle,* lequel en devenant veuf, jouissoit de tous les priviléges, prérogatives et exemtions de la noblesse ; *et ce, suivant les coustume, usance, et usage généraux et notoires, tenuz et gardez, et dont l'en a usé et use l'on notoirement audit Troyes, de tel et si longtemps qu'il n'est mémoire du contraire*[2]. »

« Le langage des Coutumes de Champagne et de celles des bailliages voisins qui les ont adoptées, est uniforme, dicté par l'ancien Coutumier, soutenu par une foule d'arrêts et de jugemens rendus en cette matière avec connoissance de cause, et dans un tems non-suspect [3]. »

« Ce n'est point un privilége subreptice, que

---

(1) *Recherches sur la noblesse de Champagne,* p. 236 et 237.
(2)   Idem   p. 226.
(3)   Idem   p. 196.

ceux qui en jouissent entretiennent sourdement, sans oser le produire au grand jour, ni lui faire franchir les bornes de leur province. Les tribunaux les plus respectables, les cours souveraines, les rois eux-mêmes l'ont reconnu, et en ont passé titre [1]. »

Grosley ajoute : « Les nobles de mère portoient la qualité d'*Ecuyer* en vertu des coutumes de Champagne [2]. »

Cela est conforme à l'ancien adage français : « *Tout noble naît écuyer et peut devenir chevalier.* » Tout noble doit, en effet, posséder un titre qui soit, pour ainsi dire, le signe distinctif de sa naissance ; et la qualification d'*écuyer* avait encore l'avantage de donner le droit d'*armoiries* à celui qui en était revêtu.

Après avoir cité Grosley, nous voulons citer quelques passages d'un ouvrage récent qui mérite également toute confiance, puisque l'auteur

---

(1) *Recherches sur la noblesse de Champagne*, p. 215.
(2) Idem p. 239.

est M. Laferrière, membre de l'Institut, inspecteur général des Facultés de droit.

Dans le sixième volume de son *Histoire du Droit français*, publié en 1858, et consacré aux coutumes de France dans les diverses provinces, M. Laferrière s'exprime ainsi : « Il est un autre point qui demande aussi notre attention et qui distingue les coutumes de Champagne du droit de toutes les autres provinces, c'est la transmission de la *noblesse par les femmes*, avec toutes ses conséquences[1]. »

« Il est coustume en Champaigne, dit l'ancien Coutumier, que se enfens noble demeure de pere et de mere, *soit noble ou de pere ou de mere,* se il y a hoir haisné, il doit avoir l'avouerie de ceaulx qui sont soubzaagiez. » (Li Droit et li Coustumes de Champaigne et de Brie, art. 20.)

« Ventre affranchit et ennoblit, dit la Coutume de Châlons, qui conservait encore au XVIe siècle la formule brève et expressive du moyen-âge. La

---

[1] Laferrière. *Histoire du Droit français*, VIe vol., p. 69.

noblesse utérine est uniformément établie par les coutumes de Châlons, Vitry, Troyes, Chaumont, Sens et Langres. Seule, *la coutume de Reims,* dans la haute Champagne, malgré la faveur dont elle entourait la condition des femmes, a conservé le droit commun sur la noblesse par le sang paternel et la maxime : « *nobilitas ducitur ex genere* [1]. »

« La conjecture la plus vraisemblable est que la noblesse utérine de la Champagne avait sa cause dans la disposition générale et les anciennes habitudes du pays à l'égard du commerce. La puissance de la richesse commerciale a rivalisé de bonne heure avec les avantages de la noblesse féodale. Les comtes de Champagne ont senti qu'il y avait là pour le pays une cause d'émulation et de prospérité. Le commerce n'a pas été avili comme dérogeant à la noblesse.

« Les anciens titres des villes de Champagne » (dit Grosley[2] qui les connaissait bien) nous

---

(1) Laferrière. *Histoire du Droit français*, VIe vol., p. 69 et 70.
(2) Grosley. *Recherches sur la noblesse de Champagne*, p. 212 et 213.

» offrent une infinité de *gens nobles, vivant mar-*
» *chandement* : cette vie *marchande* des nobles
» conduisoit nécessairement à des alliances et à
» une incorporation entre les familles roturières
» et les familles nobles : ce mélange et cette
» espèce de confusion de la noblesse et du com-
» merce étoit une source inépuisable de richesses
» pour l'Etat : les richesses qui, par ces alliances,
» passoient dans l'ordre de la noblesse, étant
» continuellement remplacées par les travaux
» d'autres roturiers, qui aspiroient à la même
» illustration. »

» Il paraît, d'après les documents de la province, que l'usage de la noblesse par les femmes n'était antérieur que d'un siècle à la charte de Thibault, de l'an 1224. Il se serait donc introduit vers le commencement du XIIe siècle, à l'époque où, par l'effet des croisades, les chevaliers périssaient en grand nombre et le commerce prenait un rapide essor [1]. »

---

[1] Laferrière. *Histoire du Droit français*, p. 70 et 71.

La Champagne, comme le remarque très-bien M. Laferrière [1], « a mêlé à ses traditions un caractère généreux d'originalité, » et, parmi ses traditions, la noblesse par les femmes est une des plus certaines, puisqu'elle a été consacrée par les coutumes de la province et par de nombreuses décisions.

Les coutumes, en cette matière du moins, ont conservé force de loi : il est de principe, en effet, qu'on peut, dans les pays ci-devant coutumiers, demander l'application de la coutume autrefois en vigueur sur telle ou telle partie du droit qui n'a pas été réglée par la loi nouvelle [2], et, en outre, les chartes de 1814 et de 1830 déclarant en termes généraux « *que la noblesse ancienne reprenait ses titres,* » il est évident que la noblesse maternelle de Champagne est implicitement et nécessairement comprise dans ces termes ; et si des esprits mal avisés venaient jamais à la con-

---

(1) Laferrière. *Histoire du Droit français*, V^e vol., p. 9.
(2) Dalloz. *Répertoire,* au mot *Cassation, no* 1399. — Loi du 30 ventôse, an XII, art 7.

tester, nous sommes convaincu que nos Cours, comme les Parlemens d'autrefois, n'hésiteraient pas à la reconnaître, à la consacrer de nouveau par leurs arrêts, et à justifier ainsi ces paroles d'un ancien Garde des Sceaux : « Il importe de maintenir, a dit M. de Royer, aux titres qui reposent sur un droit certain, le respect et l'inviolabilité que le gouvernement impérial s'honore d'assurer à toute propriété légitime. »

Châlons, le 30 juillet 1859.

DE L'ABUS
DES
CHANGEMENTS DE NOMS.

> Je ne dis pas qu'il soit juste qu'on voie
> Le nom de noble à toutes gens en proie;
> C'est un abus, il faut le prévenir,
> Et sans pitié les coupables punir;
> Il le faut, dis-je, et c'est où nous en sommes
> (La Fontaine. Epitre V. 1662.)

III.

Aujourd'hui, comme sous l'ancien régime, la noblesse véritable n'existe pas sans *titre*, et les simples gentilshommes d'autrefois, ceux qui font partie de ce que nos chartes ont appelé l'*ancienne noblesse*, ont le droit de prendre celui d'*écuyer*.

Ce principe incontestable, et parfaitement applicable à la *noblesse par les femmes*, a toujours été respecté sous l'ancienne monarchie, et nous ajoutons que les noms seuls, ornés ou non de particules, ne pouvaient jamais remplacer le titre et procurer les avantages de la naissance.

Nous voulons insister sur ce point, et réfuter au moyen de preuves nombreuses, les erreurs involontaires, il faut bien le croire, répandues en France dans ces derniers temps, et qui ont causé un préjudice peut-être irréparable à l'institution monarchique qu'on désirait, disait-on en 1858, protéger et défendre.

Ces erreurs ne peuvent profiter qu'à certains fabricants de généalogies, et à ces auteurs de nobiliaires et dictionnaires héraldiques [1] qui exploitent l'orgueil et la sottise des parvenus ; mais c'est un devoir, selon nous, de les réfuter dans l'intérêt de la vérité, de la justice et de la morale publique.

Nous le répétons, c'est le titre seul, légalement acquis, qui constitue la noblesse, et jamais le nom

---

(1) Nous voulons parler ici seulement des charlatans, car nous ne manquons pas, Dieu merci, d'hommes honorables qui, par leurs estimables travaux, rendent tous les jours de très-grands services aux familles et à la science héraldique.

et les particules, sans le *titre*, ne peuvent donner une distinction nobiliaire ou honorifique.

En effet, dès le quinzième siècle, nous voyons tous les gentilshommes prendre le titre *d'écuyer*, et *un arrêt du Parlement de Paris*, du 30 octobre 1554, déclarait que ce titre était « caractéristique de noblesse jusqu'à preuve du contraire. »

Un édit de mars 1600 défendait à toutes personnes « *d'usurper le nom de gentilhomme* et de *prendre qualité d'écuyer*, si elles ne faisaient pas preuve de noblesse. »

D'après un arrêt de 1634, il était défendu de prendre la qualité d'*écuyer* et de porter *armoiries timbrées* [1], sans être noble, à peine de 2,000 livres d'amende.

Et, le *titre* était tellement, sous l'ancienne monarchie, le seul et véritable signe de la naissance, qu'on n'a jamais poursuivi ceux qui prenaient des noms de seigneuries et des particules, mais seulement les usurpateurs de qualifications nobiliaires.

---

(1) Timbré, en termes de blason, se dit de l'écu couvert du casque ou timbre. Dictionnaire de l'Académie.

Nous en trouvons une preuve frappante dans la charmante épître que notre bon Lafontaine adressait en 1662 au duc de Bouillon.

Le poète fut inquiété, poursuivi par les traitants, non pas à cause de la particule dont son nom était décoré, mais bien parce qu'il avait pris sans droit un titre de noblesse, celui d'*écuyer*.

Il faut lire en entier cette cinquième épître de notre immortel fabuliste, toute remplie de grâce et d'esprit, et qui lui fit obtenir la remise de la terrible amende [1].

En 1666, les poursuites contre ceux qui usurpaient le titre de *noble* se continuèrent et se renouvelèrent avec une nouvelle activité.

En 1789, le 6 mars, le garde des sceaux disait dans ses instructions : « Il n'y a que les nobles possédant fiefs et âgés de vingt-cinq ans qui soient dans le cas d'être assignés. Les personnes pourvues

---

[1] Lafontaine, dans des actes, avoit pris, sans y penser, la qualité d'*écuyer ;* ce qui n'étoit pas permis, à moins de faire preuve de noblesse. Le fisc dirigea contre lui des poursuites, et en son absence, un arrêt rendu par défaut le condamna à deux mille francs d'amende. Il s'adressa au duc de Bouillon, comme à son protecteur naturel, puisqu'il étoit seigneur de Château-Thierry. (Note de M. Walckenaer.)

de charges donnant la noblesse, mais qui ne l'ont pas encore acquise par vingt ans d'exercice, ne peuvent pas être considérées comme nobles, et ne doivent conséquemment pas être assignées, quoiqu'elles possèdent des fiefs. Il doit en être usé de même à l'égard des particuliers *non nobles* qui sont propriétaires de fiefs. *Il faut être noble et âgé de vingt-cinq ans pour être admis à l'assemblée de la noblesse.* »

Ces particuliers *non nobles* et propriétaires de fiefs, pouvaient bien ajouter les noms de ces fiefs à leurs noms patronymiques, mais cela ne leur donnait aucun droit, aucune distinction honorifique, et, suivant l'expression de Saint-Simon, ils conservaient toujours « *la qualité de la pleine et parfaite roture.* »

On sait d'ailleurs que les bourgeois riches de l'ancien régime distinguaient souvent leurs enfants par les noms de leurs terres, grandes ou petites ; c'était un usage, une mode inventée par la vanité, et dont nos moralistes s'amusaient beaucoup.

Il faut reconnaître qu'il y avait là un abus véritable, et d'autant plus malheureux qu'il a donné naissance à ce préjugé de la multitude qui lui fait croire qu'une personne est *noble*, par cela seul qu'elle porte un nom de terre précédé de la particule.

Nos nombreuses révolutions n'ont pu détruire cet ancien abus, qui peut être cependant la cause d'un certain désordre dans les actes de la vie civile ; cet abus est même, selon nous, plus grand, plus ridicule qu'autrefois, car nous voyons souvent nos enrichis prendre la particule pour anoblir leurs noms, bien que ces noms, pour la plupart, ne rappellent que des origines plébéiennes.

Consultons maintenant les procès-verbaux des séances de l'ordre de la noblesse, du mois de mars 1789, et nous remarquerons que les *nobles* admis à *l'assemblée de la noblesse* portaient tous un titre nobiliaire, le plus souvent celui de *chevalier* ou d'*écuyer*, et que les noms de plusieurs ne sont pas ornés de la particule.

Quelques anciens officiers des armées du roi sont désignés dans ces procès-verbaux seulement par leurs grades, mais ces grades étaient à eux seuls une preuve de noblesse, et rendaient les titres superflus.

On ne saurait trop appuyer sur l'importance des cahiers de l'ordre de la noblesse de 1789; ils renferment tous les noms des serviteurs nobles de l'ancienne monarchie, les noms de tous ceux qui avaient « la noblesse acquise et transmissible, » et c'est ce qui nous a fait dire dans la *Gazette de France* du 17 avril 1858 : « En 1789, les procès-verbaux des assemblées de la noblesse ont été rédigés dans tous les bailliages de France, et les circonstances étaient tellement solennelles, qu'il n'y avait à craindre ni omission, ni oubli, ni indifférence.

Les absents avaient pris le soin de comparaître par procuration.

Les procès-verbaux et les cahiers des bailliages sont véritablement le livre d'or de l'ancienne noblesse française, et il n'y a pas de document plus précieux et plus sûr à consulter pour faire reconnaître les droits de chacun. »

— 34 —

Lorsqu'il y avait doute, ajouterons-nous encore, sur la qualité de la personne qui voulait se présenter à l'assemblée de la noblesse, ce doute était soumis à l'autorité compétente, soit par cette assemblée, soit par la partie intéressée elle-même, et celle-ci n'était admise que sur avis favorables de la Chancellerie et des commissaires du Conseil, chargés par le roi de toutes les affaires relatives à la convocation des Etats généraux.

Tout se passait donc alors loyalement et régulièrement, et il n'y a que les gens ignorants ou de mauvaise foi qui puissent soutenir que la vérification des titres serait une œuvre difficile, car, en ce qui concerne l'ancienne noblesse, cette vérification a été faite en 1789, et les procès-verbaux existent : quant à la nouvelle noblesse, les lettres-patentes qui l'ont créée n'ont pas été détruites par la révolution, et si l'on examine ces documents d'une date récente, on peut constater également que nos rois n'ont jamais conféré la noblesse, sans y attacher un *titre*.

Ainsi, par exemple, le *Moniteur* du 16 avril

1817, nous apprend que le roi Louis XVIII a accordé des lettres-patentes à M. Chauveau-Lagarde, avocat du barreau de Paris, lesquelles lettres « lui confèrent la noblesse, et l'autorisent à porter le titre d'*écuyer*, pour récompenser le courage et le dévouement qu'il a montrés en défendant la reine de France et Mme Elisabeth, au tribunal révolutionnaire. »

Par ordonnance du 6 avril 1818, le même prince confère le titre de *noble* à un fidèle serviteur de l'ancienc monarchie, etc.

Nous croyons avoir prouvé que, sous la restauration, au temps de Louis XVI, et pendant tout le dix-septième siècle, on était resté fidèle au principe. *Pas de noblesse sans titre*, et ce n'est vraiment qu'en 1858 qu'on a eu la singulière idée d'attribuer une *distinction honorifique* à des noms et particules portés par des personnes non nobles.

On n'était donc pas fondé à dire, dans l'exposé des motifs de la loi portant modification de l'art. 259 du Code pénal, que « les règles, en cette matière, n'avaient pas toujours été bien certaines et bien stables, et que le temps et l'usage pouvaient en avoir affaibli le souvenir et l'autorité. »

Ce qui prouve, au contraire, la certitude et la stabilité de ces règles, c'est que le projet primitif de cette même loi ne punissait que celui « *qui se serait attribué sans droit un titre de noblesse,* » ce qui était conforme à tous les précédents et à la raison.

Ce projet a été malheureusement changé, le mot *noblesse* a été supprimé, et on a frappé de la même peine ceux qui, « sans droit, et en vue de s'attribuer *une distinction honorifique*, prendraient publiquement *un titre,* et ceux qui changeraient, altèreraient ou modifieraient les noms que leur assignent les actes de l'état civil. »

Cette disposition de loi est claire, on n'y fait aucune distinction entre l'usurpation des *titres* et celle des noms, lorsqu'elles sont commises dans le but de s'attribuer une *distinction honorifique;* et, chose remarquable, le nom même de l'institution monarchique qu'on voulait défendre dans le principe a été rejeté comme impolitique et dangereux.

« Nous avons supprimé le mot *noblesse* de la rédaction qui nous était présentée, dit le rapporteur au Corps législatif, et nous l'avons remplacé par *distinction honorifique* qui en est, à nos yeux, la définition véritable. »

Et, pour ne laisser aucun doute sur la portée du changement de rédaction, il ajoute plus loin : « L'abus des usurpations de *noms nobiliaires* est plus fréquent encore que celui de l'usurpation des titres, et le prépare souvent ; ce sont des faits de même nature, dictés par le même mobile, *procurant les mêmes avantages ; comme le titre, plus que le titre même*, la *particule* s'ajoute au nom, en fait partie, se communique et se transmet. Elle le décore dans nos mœurs presque à un égal degré, et fait croire quelquefois davantage à l'ancienneté de l'origine. »

Certes, un pareil langage a dû causer une grande satisfaction à tous ceux, et ils sont innombrables en France, qui ne sont pas *nobles* et qui portent des *particules;* mais en donnant aux noms et aux *particules* qui les précèdent une valeur inconnue jusqu'à ce jour, en les appelant *nobiliaires,* alors qu'ils sont portés par des personnes *non nobles,* on a renversé tous les principes, toutes les idées reçues, et ce n'est pas ainsi, assurément, qu'on « rendra dans l'avenir à une institution inséparable du pouvoir monarchique tout son lustre et toute sa sincérité [1]. »

Dans quel pays, nous le demandons, a-t-on jamais confondu une simple *particule* avec la *noblesse?* Comment a-t-on pu dire, si ce n'est dans un intérêt particulier, que « l'usage a fait de cette *particule* une sorte de *titre nobiliaire de convention ?* »

Nous sommes tenté de le dire avec Voltaire : « Tout cela ne se trouve point ailleurs [2]; et pour celui qui tient à se rendre compte de la véritable signification des mots, une pareille confusion est incompréhensible, même en France où, nous le

---

[1] Rapport de M. Abbatucci, ancien ministre de la justice.
[2] Voltaire. *Essai sur les mœurs.*

reconnaissons, la noblesse ne peut plus constituer qu'une *distinction honorifique héréditaire :* cette confusion semble vraiment n'avoir été faite que pour procurer à ce que nous appelons une *fausse noblesse* les avantages qui ne doivent appartenir qu'aux titres légitimes.

« *De,* nous dit le *Dictionnaire de l'Académie,* s'emploie d'une façon particulière pour distinguer *les noms propres de nobles,* ordinairement empruntés au lieu d'origine, à quelque particularité locale, à une terre, etc. : Henri de la Tour d'Auvergne, Madame de Maintenon, M. de Caylus. Dans la plupart de ces dénominations, *il y a ellipse d'un titre de noblesse* (Madame *la marquise* de Maintenon, M. *le comte* de Caylus.) »

Comment pouvoir concilier maintenant le nouvel article 259 du Code pénal avec cette définition, si complète et si conforme à la nature des choses, qui ne permet l'emploi de *la particule* que pour distinguer *les noms propres de nobles ?*

Aujourd'hui, la particule peut, par elle-même, avoir le caractère d'une distinction honorifique ou nobiliaire ; on peut, *sans noblesse,* avoir un *nom nobiliaire ;* c'est ce qui résulte de l'exposé des motifs de la loi du 28 mai 1858, des rapports, et du texte même de l'article 259 du Code pénal.

On l'a écrit avant nous, cette loi qui, en réalité, maintient toutes les usurpations anciennes, loin de détruire un abus que tant de gens avaient intérêt à voir conserver, donne aux intrigants plus de facilité pour s'élever par l'audace et la fraude ; nous ajoutons qu'elle a porté un coup funeste à la *véritable noblesse,* et qu'elle a eu pour effet d'augmenter cet amour des distinctions, vraies ou fausses, qui existe peut-être plus en France qu'ailleurs, et qui est au moins aussi ardent que celui de l'égalité.

N'a-t-on pas été jusqu'à proposer en 1859 un nouveau genre de substitutions, bien que M. Delangle ait déclaré en 1858, que « si une loi était présentée au Sénat, qui contînt, en effet, le germe d'institutions que repousse l'esprit des sociétés modernes, ce grand corps de l'Etat, fidèle à sa mission, n'hésiterait pas à défendre la constitution contre l'attaque, même indirecte, dont elle pourrait être l'objet. »

« *Estre renté pour dire j'ay assez,* » était un des souhaits de nos anciens chevaliers; mais nos modernes gentilshommes sont plus exigeants, et assez malheureux pour ne pas comprendre la noblesse sans fortune, ils rêvent de riches domaines et des substitutions inconnues.

Il y a eu, dans ces derniers temps, on ne saurait le nier, comme une explosion de vanités de toute nature, « comme un soulèvement universel de tous les hommes contre leur condition, » pour employer le magnifique langage de l'illustre chancelier d'Aguesseau; il y a eu l'exercice sur une grande échelle de ce que nous appelons la *fraude nobiliaire*, fraude ancienne, il est vrai, et qui faisait dire à La Bruyère : « Tel abandonne son père qui est connu, et dont on cite le greffe ou la boutique, pour se retrancher sur son aïeul, qui, mort depuis longtemps, est inconnu et hors de prise. Il montre ensuite un gros revenu, une grande charge, de belles alliances, et, *pour être noble, il ne lui manque que des titres* [1]. »

Partout on n'entend parler que de demandes en changement ou addition de noms pouvant avoir pour effet d'attribuer *une dictinction honorifique*, c'est-à-dire la fameuse particule dite *nobiliaire*.

Autrefois, le roi seul pouvait faire des nobles ; aujourd'hui, le premier venu se fait noble, pour le vulgaire du moins, au moyen d'une particule qu'il demande d'ajouter à son nom.

Si quelques-uns ne sont animés que de sentiments honorables, et n'agissent que par des considérations puissantes de famille, la plupart de ceux qui forment ces demandes veulent avant tout se donner les apparences de la noblesse, en se débarrassant de leurs noms plébéiens, et en les remplaçant par d'autres qui ont plus ou moins une physionomie seigneuriale.

On abandonne lâchement, il est vrai, et sans aucun scrupule, le nom de ses pères, ou bien on

---

[1] *Les Caractères de La Bruyère*, chapitre XIV, DE QUELQUES USAGES.

le change, on le modifie, on lui fait souvent subir les transformations les plus étranges, les plus ridicules, ce qui est encore une impiété coupable; peu importe, on a la satisfaction de passer pour *noble* au moyen d'une ou deux *particules ;* on se procure ainsi et à bon marché, tous les avantages d'une *distinction nobiliaire,* c'est là l'important.

Si le législateur avait voulu réprimer sérieusement cet abandon déplorable du *nom vrai de la famille,* qui est comme une maladie en France, il le pouvait facilement, en ne punissant que celui « qui se serait attribué sans droit un *titre de noblesse*[1], conformément à la pensée première du gouvernement[2], et en déclarant que les *nobles seuls* pourraient porter la *particule ;* cette *distinction* restait alors réellement *nobiliaire,* et en la refusant aux personnes qui n'auraient pas fait preuve de *noblesse,* on respectait les anciens principes, le bon sens, le *Dictionnaire de l'Académie,*

---

(1) Voir au *Moniteur* du 20 mars 1858, la présentation faite au Corps Législatif, le 19 du même mois, d'un projet de loi ayant pour objet de modifier l'article 259 du Code pénal.
(2) Idem.

et on évitait le scandale de toutes ces demandes en changement ou addition de noms, par lesquelles, trop souvent, des fils ingrats de nos révolutions sollicitent, moyennant finance, l'autorisation de renier légalement le nom de leurs aïeux.

Châlons, le 10 août 1859.

FIN.

www.ingramcontent.com/pod-product-compliance
Lightning Source LLC
Chambersburg PA
CBHW060937050426
42453CB00009B/1050